Mein kleines
Bibelbuch

mit Bildern von Alan Parry

Deutsche Bibelgesellschaft

Inhalt

Gott macht die Welt

Noah und die Arche

Josef und seine Brüder

Der kleine Mose wird gerettet

Jesus wird geboren

Der Sämann

Jesus lebt!

Paulus glaubt an Jesus

Gott macht die Welt

Am Anfang ist es finster auf der Erde.

Gott ruft: »Es werde Licht!«

Da wird es hell.

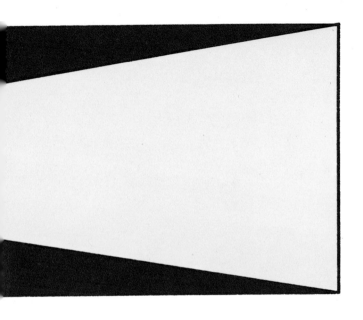

Jetzt gibt es Tag und Nacht.

Gott macht den Himmel

und die Wolken.

Gott macht das Land.

Dort wachsen Bäume und Blumen.

Gott macht die Sonne,

den Mond und die Sterne.

Er macht die Fische im Wasser

und die Vögel in der Luft.

Gott macht alle Tiere,

große und kleine.

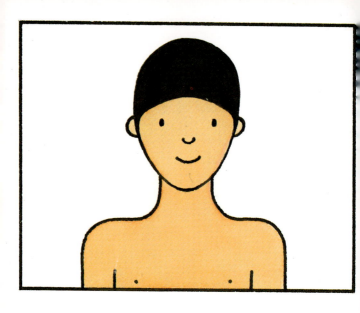

Dann macht Gott die Menschen:
den Mann

und die Frau.

Der Mann und die Frau sollen
für die Tiere und die Pflanzen sorgen,

die Gott gemacht hat.

Gott sieht alles an, was er gemacht hat.

Alles ist sehr gut.

Dann ruht Gott aus.

Er sagt: »Einen Tag zum Ausruhen schenke ich auch den Menschen.«

Die Geschichte von der Schöpfung
steht in 1. Mose/Genesis 1,1–2,4.

Noah und die Arche

Noah betet zu Gott.

Gott hat Freude an ihm.

Aber alle anderen Menschen sind sehr böse.

Gott ärgert sich,
dass die Menschen so böse sind.

Gott sagt zu Noah:
»Bau ein großes Schiff, die Arche!«

Noah baut die Arche.

Noah und seine Familie
gehen in die Arche.

Auch die Tiere kommen mit hinein, immer zwei, ein Männchen und ein Weibchen.

Dann wird es finster.
Es regnet.

Es regnet immer stärker.

Es regnet vierzig Tage und vierzig Nächte.

Das Land geht unter.

Überall ist Wasser.

Nur die Arche ist noch da.

Endlich, der Regen hört auf.

Die Arche landet auf einem Berg.

Noah schickt eine Taube los.
Sie kommt zurück mit einem Zweig.

Noah merkt: Das Wasser verschwindet.
Die Erde ist wieder trocken.

Die Tiere kommen aus der Arche.
Noah und seine Familie sind froh.

Gott hat sie gerettet.
Noah dankt Gott dafür.

Gott macht ein Zeichen am Himmel, den Regenbogen.

Gott sagt: »Nie mehr schicke ich eine solche große Flut auf die Erde.«

Die Geschichte von Noah
und der Arche steht in
1. Mose/Genesis 6,5–9,17.

Josef und seine Brüder

Das ist Josef.
Josef freut sich.

Sein Vater schenkt ihm schöne Kleider.

Die Brüder von Josef sind neidisch.

Sie denken: »Josef muss weg!«

Sie werfen Josef in eine tiefe Grube.

Sie verkaufen Josef.
Josef ist jetzt ein Sklave.

Josef muss in ein fremdes Land.
Es heißt Ägypten.

Ein Mann kauft Josef.
Er heißt Potifar.

Die Frau von Potifar
erzählt schlimme Dinge über Josef.

Josef hat nichts Schlimmes getan.
Trotzdem muss er ins Gefängnis.

Der König in Ägypten heißt Pharao.
Er hat zwei seltsame Träume.

Niemand kann ihm sagen,
was sie bedeuten.

Gott hilft Josef.
Er kann die Träume verstehen.

Der Pharao holt Josef aus dem Gefängnis.

Josef sagt: »Die Träume bedeuten:
Sieben Jahre lang gibt es viel zu essen

und dann, sieben Jahre lang,
gibt es nichts zu essen.«

Der Pharao gibt Josef ein wichtiges Amt.
Josef verteilt das Essen in Ägypten.

Josefs Brüder haben Hunger.
Sie wollen in Ägypten Essen kaufen.

Josef verstellt sich.
Seine Brüder erkennen ihn nicht.

Sie haben Angst vor ihm.

Da zeigt ihnen Josef:
»Ich bin euer Bruder.

Ihr habt es böse gemeint mit mir.
Aber Gott hat alles gut gemacht.«

Die Geschichte von Josef und
seinen Brüdern steht in
1. Mose/Genesis 37 und 39 bis 45.

Der kleine Mose wird gerettet

Das ist der Pharao,
der König von Ägypten.

Er ist böse.

Er gibt seinen Soldaten den Befehl:

Sie sollen alle hebräischen Jungen töten.

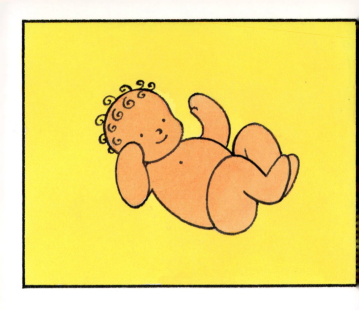

Der kleine Mose ist ein hebräischer Junge.

Seine Mutter will Mose beschützen.

Sie macht einen kleinen Korb

und legt Mose hinein.

Sie versteckt den Korb im Schilf.

Die Schwester von Mose passt auf, was geschieht.

Da kommt eine Prinzessin.
Sie ist die Tochter des Pharao.

Sie möchte baden im Fluss.

Sie sieht den kleinen Korb im Schilf.

Sie sagt zu ihrer Dienerin:
»Bring das Körbchen her!«

Mose weint.

Die Tochter des Pharao
hat Mitleid mit ihm.

Sie möchte Mose behalten.
Sie sagt zu ihrer Dienerin:

»Ich brauche eine Kinderfrau!«
Die Schwester von Mose hört alles.

Sie läuft nach Hause und erzählt ihrer Mutter, was sie gesehen hat.

Die Mutter von Mose fragt die Prinzessin:
»Darf ich deine Kinderfrau sein?«

Mose wohnt jetzt im Palast des Pharao.

Wenn er groß ist, wird er sein Volk aus Ägypten herausführen.

Die Geschichte vom kleinen Mose und seiner Rettung steht in 2. Mose/Exodus 1,6 – 2,10.

Jesus wird geboren

Das ist Maria.

Das ist Josef.

Eines Tages schickt Gott
den Engel Gabriel zu Maria.

Er sagt zu ihr:
»Du wirst ein Kind bekommen.

Das Kind soll Jesus heißen.
Es ist Gottes Sohn.«

Auch zu Josef kommt der Engel.
Er erzählt ihm von dem Kind.

Ein Befehl des Kaisers sagt: »Alle Leute in meinen Reich sollen sich zählen lassen.

Sie müssen dazu in ihre Heimatstadt gehen.«
Maria und Josef gehen nach Bethlehem.

Viele Leute sind in der Stadt. Maria und Josef finden keinen Platz in der Herberge.

Maria und Josef übernachten im Stall.
In dieser Nacht wird Jesus geboren.

Maria wickelt Jesus in Windeln und legt ihn in die Krippe.

Auf den Feldern sind die Hirten
bei ihren Schafen.

Da erscheinen Engel am Himmel.
Die Hirten erschrecken sehr.

Ein Engel sagt: »Habt keine Angst!

Ich bringe euch große Freude.
Jesus ist geboren, der Heiland!«

Die Hirten laufen los.
Sie wollen Jesus sehen.

Sie finden ihn im Stall bei den Tieren.

Die Hirten freuen sich sehr.
Sie danken Gott.

In einem fernen Land im Osten
erscheint ein heller Stern.

Drei kluge Männer sehen den Stern.
Er führt sie nach Bethlehem.

Sie haben schöne Geschenke mitgebracht.
Es sind Geschenke wie für einen König.

Die Männer knien vor Jesus nieder.
Sie geben ihm die Geschenke.

Die Weihnachtsgeschichte steht in
Matthäus 1,18–2,23
und Lukas 1,5–2,20.

Der Sämann

Das ist der Sämann.

Er sät Samen in die Erde.

Einige Samenkörner fallen auf den Weg.

Die Vögel picken die Körner auf.

Einige Samen fallen zwischen die Steine.
Dort gibt es wenig Erde.

Es wachsen kleine Pflanzen
aus den Körnern.

Aber da kommt die Sonne.
Sie scheint heiß.

Die Pflanzen vertrocknen.
Sie haben zu kleine Wurzeln.

Einige Samen fallen zwischen die Dornen.

Die Dornen ersticken die kleinen Pflanzen.

Einige Samenkörner fallen auf gute Erde.

Sie wachsen.
Es werden große Pflanzen aus ihnen.

Jesus erzählt diese Geschichte.

Er sagt seinen Freunden:
»Der Samen, das ist das Wort von Gott.«

Manche Leute wollen das Wort von Gott nicht hören.

Das ist wie mit dem Samen,
der auf den Weg fällt und verschwindet.

Manche Leute hören das Wort von Gott und vergessen es wieder.

Das ist wie mit dem Samen,
der zwischen die Steine fällt und verdorrt.

Manchen Leuten sind andere Dinge wichtiger als das Wort von Gott.

Das ist wie mit dem Samen,
der zwischen die Dornen fällt und erstickt.

Manche Menschen tun das,
was das Wort von Gott ihnen sagt.

Sie sind wie Samen auf guter Erde.
Gott freut sich über sie.

Das Gleichnis vom Sämann steht in Matthäus 13,1-8;18-23.

Jesus lebt!

In der Stadt Jerusalem
geschieht etwas Schlimmes.

Jesus hängt am Kreuz. Er muss sterben.

Die Freunde von Jesus sind traurig.

Sie sind ganz allein.
Sie wissen nicht, was sie tun sollen.

Nikodemus und Josef
sind Freunde von Jesus.

Sie nehmen den toten Jesus
vom Kreuz herunter.

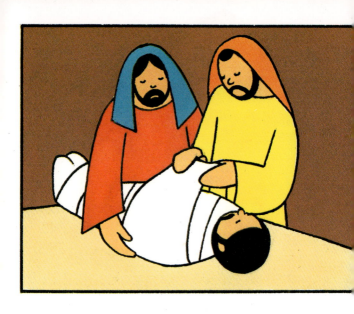

Sie wickeln ihn in weiße Tücher.

Sie legen ihn in ein Grab.

Sie rollen einen großen Stein vor das Grab.

Das ist Maria Magdalena.
Früh am Morgen kommt sie zum Grab.

Der Stein ist weg!
Das Grab ist offen!

Schnell läuft Maria Magdalena
zu den Freunden von Jesus.

Sie erzählt ihnen, was sie gesehen hat.
Zwei von den Freunden laufen zum Grab.

Sie schauen hinein: Das Grab ist leer!

Sie gehen nach Hause.
Sie verstehen nicht, was geschehen ist.

Maria Magdalena ist noch da.
Sie steht draußen und weint.

Doch auf einmal sieht sie:

Da ist Jesus. Er lebt!

Jesus geht zu seinen Freunden.

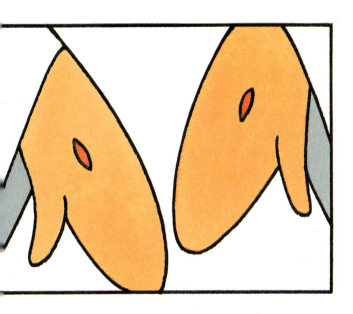

Er zeigt ihnen seine Hände.

Seine Freunde sind nicht mehr traurig.
Sie freuen sich sehr.

Sie rufen: »Jesus lebt!«

Die Ostergeschichte steht in Johannes 19,38–20,20.

Paulus glaubt an Jesus

Paulus hasst die Christen.

Die Christen glauben:
Jesus ist der Sohn Gottes.

Paulus denkt: »Das ist nicht wahr.«

Paulus bringt in Jerusalem viele Christen ins Gefängnis.

Paulus will noch mehr tun.

Er reitet in die Stadt Damaskus.
Auch dort gibt es Christen.

Paulus will sie einsperren lassen.

Doch plötzlich kommt ein helles Licht.

Paulus fällt vor Schreck auf die Erde.
Jesus spricht zu ihm.

Jesus fragt: »Warum hasst du die Christen? Sie glauben an mich.«

Da merkt Paulus:
Die Christen haben Recht!

Jesus ist der Sohn Gottes.

Paulus steht auf.
Er kann nichts mehr sehen!

Paulus ist blind. Seine Freunde bringen ihn nach Damaskus.

Drei Tage lang ist Paulus blind.

Er isst nichts, er trinkt nichts,
er betet zu Gott.

Das ist Hananias. Er schläft.
Jesus spricht zu ihm im Traum.

Jesus sagt zu Hananias:
»Geh zu Paulus und hilf ihm!«

Hananias geht zu Paulus.
Sie beten zusammen.

Da kann Paulus wieder sehen!
Er ist nicht mehr blind.

Paulus will getauft werden.
Er wird ein Christ.

Paulus erzählt jetzt allen Menschen von Jesus.

Die Geschichte von der Bekehrung
des Paulus steht in
Apostelgeschichte 8,3; 9,1-22;
22,4-16 und 26,9-19.

ISBN 3-438-04125-1
© 1997 Deutsche Bibelgesellschaft, Stuttgart
Illustrationen: Alan Parry
Redaktion der deutschen Ausgabe: Karin Jeromin
Texte in der neuen Rechtschreibung

Englische Originalausgabe unter dem Titel
»My First Little Bible Story Book«
Text: Linda Parry
© 1996 Hunt & Thorpe

Alle Rechte vorbehalten
Printed in Singapore